I0805234

CELEBREMOS LAS FIESTAS ESTADOUNIDENSES

¿Por qué celebramos EL DÍA DE LOS VETERANOS?

Grace Houser

Traducido por Ana María García

PowerKiDS press.

New York

Published in 2019 by The Rosen Publishing Group, Inc.
29 East 21st Street, New York, NY 10010

First Edition

Translator: Ana María García
Editorial Director, Spanish: Nathalie Beullens-Maoui
Editor, Spanish: Rossana Zúñiga
Book Design: Reann Nye

Photo Credits: Cover ESB Professional/Shutterstock.com; p. 5 Anthony Correia/Shutterstock.com; p. 6 Sean Pavone/Shutterstock.com; p. 9 Andrew Burton/Getty Images News/Getty Images; p. 10 michaeljung/Shutterstock.com; p. 13 Paula Bronstein/Getty Images News/Getty Images; p. 14 Terry Vine/J Patrick Lane/Blend Images/Getty Images; p. 17 a katz/Shutterstock.com; p. 18 Archistoric/Alamy Stock Photo; p. 21 MANDEL NGAN/AFP/Getty Images; p. 23 Evgeniy Kalinovskiy/Shutterstock.com.

Cataloging-in-Publication Data

Names: Houser, Grace.
Title: ¿Por qué celebramos el Día de los Veteranos? / Grace Houser.
Description: New York : PowerKids Press, 2019. | Series: Celebremos las fiestas estadounidenses | Includes index.
Identifiers: LCCN ISBN 9781538333242 (pbk.) | ISBN 9781538333235 (library bound) |
ISBN 9781538333259 (6 pack)
Subjects: LCSH: Veterans Day–Juvenile literature.
Classification: LCC D671.H68 2019 | DDC 394.264–dc23

Manufactured in the United States of America

CPSIA Compliance Information: Batch #CS18PK: For Further Information contact Rosen Publishing, New York, New York at 1-800-237-9932

CONTENIDO

El Día de los Veteranos
se celebra el 11 de noviembre
de cada año.

THE DISTRICT OF COLUMBIA WHO

Los enfrentamientos de la Primera Guerra Mundial terminaron ese día, en 1918.

El Día de los Veteranos honra a los soldados estadounidenses del pasado y del presente.

Los soldados sirven
en las fuerzas armadas.

Las Fuerzas Armadas
la conforman la Fuerza Aérea,
el Ejército, la Guardia Costera,
el Cuerpo de Marines
y la Marina.

U.S. ARMY

Los soldados están en servicio activo en tiempos de guerra, pero también sirven a su país en tiempos de paz.

La gente ondea la **bandera** de Estados Unidos en el Día de los Veteranos. Muchas ciudades organizan **desfiles**.

UNITED STATES

UNITED STATES ARMY
1775

En Birmingham, Alabama,
tiene lugar el desfile anual
más antiguo
por el Día de los Veteranos.

En el Día de los Veteranos,
la gente agradece
a los soldados por su servicio.
También visitan los
monumentos conmemorativos.

MOBILE RIVERINE FORCE ARMY/NAVY

¿Conoces a algún veterano? ¡No olvides darle las gracias por su servicio!

Palabras que debes aprender

(las) banderas

(el) monumento conmemorativo

(el) desfile

Índice

Sitios de Internet

Debido a que los enlaces de Internet cambian constantemente, PowerKids Press ha desarrollado una lista en línea de sitios de Internet relacionados con el tema de este libro que se actualiza regularmente. Utiliza este enlace para acceder a la lista: www.powerkidslinks.com/ushol/vets